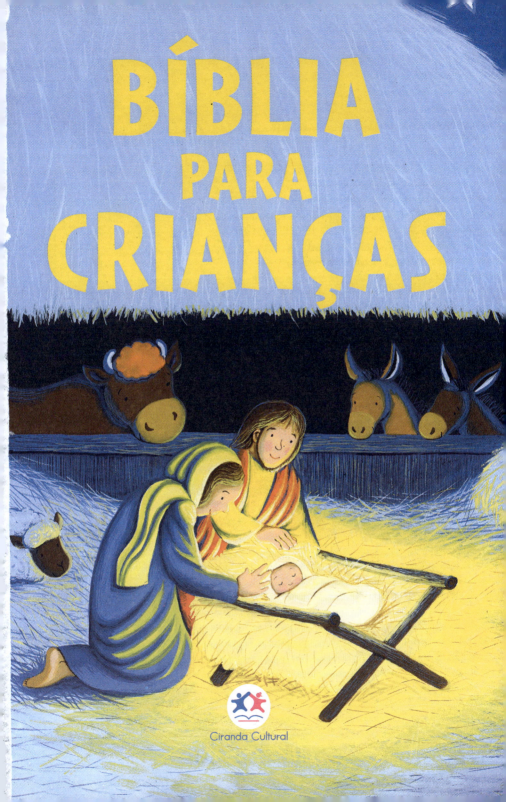

Dados Internacionais de Catalogação na Publicação (CIP) de acordo com ISBD

C578b	Ciranda Cultural.
	Bíblia para crianças / Ciranda Cultural ; ilustrado por Estelle Corke. – 8ª. ed. - Jandira, SP : Ciranda Cultural, 2025.
	128 p. : il.; 14,20cm x 21,20cm.
	ISBN: 978-65-261-2136-8
	1.Bíblia infantil. 2. Histórias Bíblicas. 3. Religião. 4. Bíblia. I. Corke, Estelle. II. Título.
2024-2392	CDD 220.8
	CDU 22/82-93

Elaborada por Lucio Feitosa - CRB-8/8803

Índice para catálogo sistemático:
1. Bíblia infantil 220;8
2. Bíblia infantil 22/82-93

A Bíblia usada como referência foi a versão da Bíblia Sagrada da Sociedade Bíblica do Brasil, 7ª edição, 2006, tradução de João Ferreira de Almeida.

© 2015 Ciranda Cultural Editora e Distribuidora Ltda.
Coordenação editorial: Lígia Evangelista
Ilustrações: Estelle Corke
Revisão: Tamiris Sene e Ana Lúcia dos Santos
Diagramação: Vitor Hugo Neves

8ª Edição em 2025
www.cirandacultural.com.br
Todos os direitos reservados. Nenhuma parte desta publicação pode ser reproduzida, arquivada em sistema de busca ou transmitida por qualquer meio, seja ele eletrônico, fotocópia, gravação ou outros, sem prévia autorização do detentor dos direitos, e não pode circular encadernada ou encapada de maneira distinta daquela em que foi publicada, ou sem que as mesmas condições sejam impostas aos compradores subsequentes.

BÍBLIA PARA CRIANÇAS

Ciranda Cultural

SUMÁRIO

Antigo Testamento

O começo de tudo 08
Um jardim maravilhoso 10
A desobediência de Adão e Eva 12
Os primeiros filhos. 15
A grande tempestade 16
Um lindo arco-íris. 18
A promessa a Abrão 20
Isaque, o filho de Abraão 22
Os filhos de Isaque 24
José e sua bela túnica 26
José e o faraó. 28
A missão de Moisés 30
Os sinais ao faraó 32
A libertação. 34
Os mandamentos de Deus 37
A arca da aliança .38

Um novo líder para os israelitas 40
A força de Sansão 42
Rute e Noemi 45
O primeiro rei 47
Deus escolhe Davi 48
Davi derrota Golias 50
A arca da aliança em Jerusalém 52
Elias e o Deus verdadeiro 54
A carruagem de fogo 56
Eliseu e a viúva. 58
A rainha Ester 60
Jó, um homem paciente. 62
O Senhor é o meu pastor 65
O profeta Jeremias 66
Daniel e os leões .68
A fuga de Jonas. .70

Novo Testamento

O anjo fala a Maria. 74	A parábola do bom samaritano 106
José aceita a missão 76	Jesus entra em Jerusalém 108
A viagem para Belém 78	A traição de Judas. 111
O nascimento do Salvador. 80	A última ceia. 112
Os magos do Oriente 82	Jesus é preso. 114
Jesus na casa do Pai 84	Jesus é condenado. 116
O batismo de Jesus 86	A crucificação. 118
Jesus é tentado 88	A ressurreição 120
O primeiro milagre de Jesus 90	Jesus aparece aos discípulos. 122
Jesus e os apóstolos 93	Jesus sobe aos céus 124
Jesus acalma a tempestade 95	A chegada do Espírito Santo 126
A filha de Jairo 96	
A multiplicação dos pães e peixes 98	
Jesus caminha sobre as águas 100	
Jesus abençoa as crianças. 103	
Os discípulos aprendem a orar 104	

Antigo Testamento

O COMEÇO DE TUDO
(Gênesis 1: 1-31)

No princípio, não existia nada, apenas Deus. Ele, então, decidiu criar o mundo.

No primeiro dia, Deus disse:

– Haja luz!

A luz surgiu, criando a separação entre o dia e a noite.

No segundo dia, o Senhor criou os mares, separando a terra das águas.

No terceiro dia, Deus ordenou que da terra nascessem árvores para que houvesse frutos e sementes. Ele viu que tudo aquilo que havia criado era bom.

O quarto dia foi destinado à criação do Sol, da Lua e das estrelas, para que iluminassem o dia e a noite.

No quinto dia, Deus criou os animais marinhos e as aves do céu.

Vendo que a terra ainda não estava completa, no sexto dia, Deus criou as outras espécies de animais e também o ser humano.

Um jardim maravilhoso
(Gênesis 2: 1-25)

Aquilo tudo era muito bom aos olhos de Deus. Por isso, no sétimo dia, o Senhor descansou, satisfeito com sua criação.

Depois que Deus criou tudo o que há na Terra, presenteou sua criação com um lindo jardim, chamado Éden. Nesse lugar havia as mais belas espécies de plantas, flores, animais e frutos e Deus colocou o homem, chamado Adão, para viver ali. Mas o Senhor notou que, mesmo assim, Adão parecia sozinho e decidiu dar uma companheira a ele. Foi assim que Deus criou a primeira mulher, Eva.

Aquele lugar era um verdadeiro paraíso, e tudo estava à disposição de Adão e Eva. No entanto, Deus os alertou que, no centro do jardim, havia uma árvore cujo fruto eles não poderiam comer, e deixou os dois seres humanos vivendo naquele jardim maravilhoso.

A desobediência de Adão e Eva
(Gênesis 3: 1-24)

Adão e Eva viviam felizes no jardim do Éden. Eles cuidavam do lugar e comiam o fruto das muitas árvores que cresciam ali. Porém, o fruto de uma delas não podia ser consumido: era a árvore do conhecimento do bem e do mal. Deus explicou que, se o desobedecessem, os dois morreriam.

No entanto, uma esperta serpente tentou convencer Eva de que eles poderiam comer aquele fruto, pois, segundo ela, ele não lhes causaria a morte. A mulher, então, foi convencida, comeu o fruto e o ofereceu a Adão, que o aceitou. Deus ficou muito triste com a desobediência e expulsou Adão e Eva do maravilhoso jardim do Éden.

OS PRIMEIROS FILHOS
(GÊNESIS 4: 1-16)

Depois que Adão e Eva foram expulsos do paraíso, Deus disse que eles teriam de trabalhar para conseguir seu próprio alimento. Por terem desobedecido a ordem de Deus, Adão passou a trabalhar muito e Eva foi destinada a sentir fortes dores quando tivesse filhos.

Da união de Adão e Eva nasceram Caim e Abel. Caim era o mais velho e cuidava da terra. Abel, o filho mais novo, era pastor de ovelhas. Certo dia, os irmãos decidiram ofertar presentes a Deus. Caim ofertou alguns frutos que havia colhido, e Abel ofereceu um carneirinho de seu rebanho.

A oferta que mais agradou a Deus foi a de Abel, o que deixou Caim com ciúmes. O irmão mais velho, então, levou Abel para o campo e o matou. Deus ficou muito triste com aquilo, e, como punição, Caim teve de vagar pelo mundo sem nunca mais poder plantar.

A grande tempestade
(Gênesis 6 e 7)

Muito tempo se passou desde Adão e Eva. A Terra foi povoada, mas, infelizmente, muitas pessoas eram más, o que deixava Deus triste.

Havia uma família, entretanto, que era obediente a Deus: eram Noé, sua esposa, filhos e noras.

Por causa da maldade das pessoas, Deus decidiu destruir a Terra com um grande dilúvio. Mas, para proteger Noé e os animais inocentes, Ele ordenou que o homem construísse uma grande arca para abrigar sua família e dois animais de cada espécie.

O bom Noé obedeceu ao Senhor e, quando a arca estava pronta, ele, sua família e os animais entraram na embarcação. Deus fechou a porta da arca e enviou a grande tempestade, que durou 40 dias e 40 noites, e inundou toda a Terra.

Um lindo arco-íris
(Gênesis 8 e 9)

A grande tempestade durou 40 dias e 40 noites. A chuva foi muito intensa e inundou toda a Terra, cobrindo até as montanhas mais altas. Mesmo depois que a chuva cessou, a arca flutuou sobre as águas por vários dias, pois a Terra continuou inundada por muito tempo.

Quando a inundação começou a diminuir, a arca parou em cima das montanhas de Ararate. Ali, Noé queria saber se a Terra já estava seca. Primeiro, ele soltou um corvo, mas a ave não encontrou onde pousar. Em seguida, ele soltou uma pomba, que voltou com uma folha de oliveira no bico. Dias depois, Noé soltou outra pomba, que não retornou, o que significava que ela havia encontrado onde pousar e que a Terra estava seca.

Finalmente, todos puderam sair da arca. Noé e sua família agradeceram a Deus, que prometeu nunca mais destruir a Terra com um dilúvio. Como sinal de reconciliação com o homem, Deus colocou um lindo arco-íris no céu.

A promessa a Abrão
(Gênesis 12: 1-9)

Abrão era casado com Sarai e vivia na região de Harã. Certo dia, Deus apareceu a Abrão e disse:
– Junte sua família e vá para a terra que eu mostrarei a você. Sua descendência será numerosa e formará uma grande nação. Eu abençoarei você e toda a sua enorme família.

Apesar de já ter 75 anos, Abrão obedeceu ao Senhor. Ele pegou sua esposa, seu sobrinho e todas as suas riquezas e partiu para Canaã, a terra que Deus havia prometido a ele.

Isaque, o filho de Abraão
(Gênesis 21 e 22: 1-19)

Abraão e Sara tiveram Isaque, o filho prometido por Deus. Isaque cresceu, e, certo dia, Deus pediu que Abraão levasse seu filho para a terra de Moriá, para oferecê-lo em sacrifício.

Abraão ficou muito triste, mas era obediente a Deus e sabia que Ele nunca desamparava seus filhos. Abraão, então, preparou tudo como Deus havia ordenado e seguiu com seu filho e mais dois empregados para o lugar indicado.

No caminho, Isaque percebeu que seu pai estava carregando lenha e uma faca, mas não viu o carneirinho que seria sacrificado. Ele perguntou sobre o animal a seu pai, mas Abraão apenas respondeu:

– Meu filho, Deus providenciará o carneiro para ser sacrificado.

Quando chegaram ao monte em que ocorreria o sacrifício, Abraão preparou o altar e colocou Isaque sobre ele. Mas de repente uma voz bradou:

– Abraão, não machuque Isaque! Agora eu sei que você me ama acima de todas as coisas, pois ia oferecer seu filho único a mim.

Deus providenciou um carneiro, e Abraão o sacrificou no lugar de seu filho. Abraão e Isaque voltaram para Berseba, onde passaram a morar.

Os filhos de Isaque
(Gênesis 25: 19-34; 27: 1-29)

Isaque casou-se com Rebeca, mas ela não podia ter filhos. O homem, então, orou ao Senhor, e ela logo engravidou e deu à luz gêmeos: Esaú e Jacó.

O tempo passou e os gêmeos cresceram. Esaú se tornou um grande caçador e adorava ficar no campo, enquanto Jacó era mais tranquilo e gostava de ficar em casa.

Certo dia, Esaú chegou faminto do campo e, vendo que Jacó havia feito um ensopado, pediu ao irmão que o deixasse comer a refeição.

– Você pode comer, mas em troca você deve dar a mim seus direitos de filho mais velho – disse Jacó.

Esaú concordou e comeu o ensopado.

Tempos depois, Isaque chamou Esaú para que ele lhe trouxesse uma caça e com ela preparasse um guisado. Ouvindo isso, Rebeca, que gostava mais de Jacó, ordenou que o filho trouxesse um carneiro. Ela preparou o guisado e fez o filho levar o alimento ao pai.

Jacó, então, fingiu ser Esaú e entregou o guisado ao pai. Isaque, por sua vez, abençoou Jacó com todos os direitos de filho mais velho.

José e sua bela túnica
(Gênesis 37: 1-35)

Depois de reencontrar seu irmão Esaú, Jacó seguiu para Canaã com seus filhos, entre eles José, seu preferido. Certo dia, Jacó deu uma linda túnica colorida a José e, por causa disso, seus irmãos ficaram com muita inveja dele.

Uma vez, José sonhou que um dia seus irmãos e seus pais se curvariam diante dele. Isso deixou seus irmãos com ainda mais raiva.

Um dia, quando José foi para o campo a pedido de seu pai, para ter notícias de seus irmãos, eles decidiram livrar-se dele. Rúben, no entanto, não concordou e, pretendendo salvar José depois, fez com que seus irmãos apenas o jogassem no poço. Mas antes que Rúben pudesse ajudar o irmão, os outros filhos de Jacó venderam José para um grupo de homens que ia para o Egito.

Muito ardilosos, os irmãos de José molharam sua túnica em sangue e convenceram Jacó de que seu filho preferido havia morrido devido ao ataque de uma fera, deixando o gentil homem muito triste.

José e o faraó
(Gênesis 39 a 41)

No Egito, os homens que compraram José voltaram a vendê-lo para Potifar, e José trabalhou para ele até tornar-se administrador de toda a casa. Porém, uma mentira contada pela esposa de Potifar fez com que José fosse preso.

Na prisão, José teve contato com o padeiro e o copeiro do faraó, que também estavam presos. Esses homens tiveram sonhos, e José os interpretou.

Depois de algum tempo, o rei do Egito teve dois sonhos bem estranhos, mas nenhum sábio conseguiu interpretá-los.

O chefe dos copeiros, entretanto, lembrou-se do dom de José e contou ao faraó, que mandou chamar o jovem imediatamente.

Ao chegar, José explicou os sonhos ao faraó.

— As sete vacas e as sete espigas boas significam que haverá sete anos de fartura no Egito. Mas, em seguida, haverá sete anos de muita seca, o que é representado pelas vacas magras e as espigas secas. Por isso, guardem todo o alimento que conseguirem nos anos de prosperidade.

Ao ver tanta sabedoria de Deus naquele jovem, o faraó o nomeou como governador do Egito, para que pudesse salvar o povo da fome que estava por vir.

A MISSÃO DE MOISÉS
(Êxodo 2 e 3)

Com a ordem de matar todos os bebês do sexo masculino dada pelo faraó, uma mãe israelita conseguiu esconder seu bebê em casa.

Após três meses, ela já não podia mais esconder o bebê, então, com medo de que o matassem, colocou-o em um cesto e o deixou à beira do rio Nilo, enquanto a irmã do menino observava tudo de longe.

No rio, a princesa, filha do faraó, encontrou a criança e decidiu adotá-la. A irmã do bebê aproximou-se e disse que poderia arranjar alguém para cuidar do menino até que ele estivesse grande. A princesa disse que sim, e a menina buscou a mãe, que se tornou cuidadora de seu próprio filho. E a filha do faraó deu à criança o nome de Moisés.

Moisés cresceu e foi educado como um príncipe. Certo dia, quando foi visitar escravizados no Egito, Moisés percebeu como eles eram maltratados. Ao ver um soldado egípcio batendo em um israelita, o jovem ficou muito bravo e matou o soldado. Por causa disso, ele teve de fugir para Midiã.

Depois de muitos anos em Midiã, Moisés foi para o Monte Sinai e viu um espinheiro que pegava fogo, porém não se queimava. Ele ficou curioso e, quando se aproximou, Deus falou com ele e pediu-lhe que voltasse para o Egito e libertasse seu povo. Deus ajudaria e protegeria Moisés em sua jornada.

Os sinais ao faraó
(Êxodo 6 a 12)

Moisés obedeceu a Deus e partiu para o Egito com seu irmão Arão. Juntos, eles pediram ao faraó que libertasse os israelitas, pois aquilo era um desejo do Senhor. Mas o faraó era teimoso e não acreditou em Moisés, mesmo quando o bastão do israelita se transformou em cobra.

Deus, então, lançou dez pragas sobre o povo egípcio. A primeira delas foi quando o faraó estava no Rio Nilo, Arão estendeu seu bastão sobre as águas, e elas se transformaram em sangue. Mesmo assim, o faraó não libertou o povo de Israel, fazendo com que os egípcios sofressem mais nove pragas.

Na segunda praga, rãs surgiram em todo o Egito, e na terceira praga, o pó da Terra se transformou em piolhos.

Moscas surgiram em toda parte, como a quarta praga, e os animais dos egípcios morreram, sendo a quinta praga.

A sexta praga marcou o aparecimento de tumores nas pessoas e nos animais, e uma forte chuva de pedra foi o sinal da sétima praga.

Na oitava praga, milhares de gafanhotos surgiram por todos os lugares, e depois uma tenebrosa escuridão tomou conta do país, o que foi a nona praga.

Por fim, a última praga foi a mais terrível. Com a teimosia do faraó em não libertar os israelitas, todos os filhos primogênitos dos egípcios morreram.

A LIBERTAÇÃO
(Êxodo 12: 31-51; 13 e 14)

Na noite em que os filhos primogênitos dos egípcios morreram, o faraó ordenou que os israelitas fossem embora. Eles deveriam pegar suas famílias, animais e pertences e deixar a terra do Egito.

Livres, os israelitas pegaram tudo o que tinham e partiram, caminhando pelo deserto. Esse dia de libertação foi comemorado com uma grande festa, chamada Páscoa.

Porém, o faraó se arrependeu de ter libertado os escravizados e ordenou que seu exército fosse atrás deles. Deus, então, pediu que o povo de Israel caminhasse a noite inteira. Eles chegaram ao Mar Vermelho e perceberam que o exército estava se aproximando. Todos se desesperaram, mas Deus tinha um plano para salvá-los. Moisés estendeu seu bastão sobre o mar, e as águas dividiram-se em duas partes, formando dois grandes muros.

Assim, os israelitas puderam atravessar em segurança. Depois que todos estavam do outro lado, o mar se fechou novamente, e os soldados não puderam alcançar o povo de Israel.

As pessoas que seguiam Moisés agradeceram e louvaram ao Senhor, por Ele ter cumprido a promessa de libertá-las do Egito.

Os mandamentos de Deus
(Êxodo 19 e 20)

Depois de atravessar o Mar Vermelho, Moisés guiou seu povo pelo deserto. Mesmo passando por várias dificuldades ao longo do caminho, Deus sempre os amparou e protegeu das adversidades.

Certo dia, os israelitas acamparam perto do Monte Sinai. Deus, então, chamou Moisés, pois queria falar com ele.

Deus disse que, se o povo de Israel quisesse ser seu povo, deveria obedecer aos seus mandamentos. Moisés, então, desceu e falou com as pessoas sobre o que Deus havia dito. Todos concordaram em seguir os mandamentos do Senhor, e Moisés novamente subiu o Monte.

Lá, Deus bradou a Moisés os importantes dez mandamentos:

– Eu sou o Senhor seu Deus que os salvou do Egito. Vocês não deverão adorar outros deuses além de mim. E também não devem fazer esculturas para adorá-las. O meu nome é santo. Não o pronunciem em vão. Vocês guardarão o sábado para me louvarem, e não poderão trabalhar nesse dia. Honrem seus pais. Não matem. Não traiam quem está casado com vocês. Não roubem. Não mintam ou falem mal dos outros. Não desejem coisa alguma que é dos outros.

Depois de falar com Moisés, o Senhor entregou-lhe duas tábuas de pedra com os mandamentos escritos.

A ARCA DA ALIANÇA
(Êxodo 34; 37: 1-9)

Como Deus havia ordenado, o povo de Israel deixou o Monte Sinai. Certo dia, enquanto acampavam, Moisés estava em sua tenda quando Deus falou com ele:

– Moisés, pegue duas placas de pedra, iguais às que você quebrou, e traga para mim no Monte Sinai, que eu escreverei os mandamentos novamente. Mas venha sozinho.

Moisés obedeceu e foi novamente ao Monte para receber os dez mandamentos. Depois, desceu e contou ao povo sobre as leis de Deus. Isso representou a renovação da aliança de Deus com seu povo.

As placas precisavam ser guardadas em um lugar muito especial. Então, Bezalel foi escolhido para fazer uma arca de madeira de acácia, revestida de ouro por dentro e por fora. Na arca foram colocadas as placas contendo os dez mandamentos, além de outros objetos sagrados. Deus ficou muito contente com a atitude do seu povo.

Um novo líder para os israelitas
(Deuteronômio 34; Josué 1)

Vários anos haviam se passado desde a libertação dos israelitas do Egito. Canaã, a Terra Prometida, estava perto, porém Moisés já tinha idade avançada. Ele sabia que em breve não iria mais conseguir liderar seu povo, pois estava com 120 anos.

Sabendo disso, Deus escolheu Josué para ser o novo líder do povo de Israel. Ele disse a Josué:

– Não tema. Seja forte e corajoso. Assim como Moisés, você guiará seu povo rumo à Terra Prometida. E eu estarei sempre com você.

Quando Moisés faleceu, Josué liderou o povo na travessia do Rio Jordão e em várias conquistas das terras de Canaã.

A FORÇA DE SANSÃO
(Juízes 13 e 16)

Tempos depois da libertação liderada por Gideão, os israelitas voltaram a fazer o que não agradava a Deus. E os filisteus escravizaram o povo de Israel por 40 anos.

Deus, por sua infinita bondade, enviou seu anjo à esposa de Manoá para dizer que ela daria à luz um menino que libertaria seu povo. Ele se chamaria Sansão e nunca poderia ter os cabelos cortados.

Sansão nasceu e recebeu de Deus uma força descomunal, cujo segredo estava em seus cabelos, mas ninguém sabia disso. Como era muito forte, lutou várias vezes contra os filisteus, que queriam derrotá-lo.

O rapaz conheceu uma moça chamada Dalila e se apaixonou por ela. Ao saberem disso, os governantes dos filisteus ofereceram dinheiro a Dalila para que ela descobrisse o segredo da força de Sansão.

    A mulher aceitou, mas, quando perguntava a Sansão sobre isso, ele sempre inventava uma história. Um dia, porém, Sansão contou a verdade a ela.

    Então, os filisteus armaram um plano para cortar o cabelo do rapaz. Depois disso, prenderam-no e arrancaram os olhos dele; e levaram-no a um grande lugar onde o povo filisteu comemorava a derrota do israelita.

    Orando a Deus, Sansão pediu forças pela última vez. Deus atendeu ao pedido do rapaz, e Sansão, forçando as colunas do lugar onde estava, fez com que tudo desabasse sobre as pessoas e sobre ele próprio.

Rute e Noemi
(Rute 1)

Na cidade de Moabe, vivia uma bondosa viúva chamada Noemi. Ela tinha dois filhos: Malom e Quilom. O primeiro se casou com Rute; o segundo, com Orfa. Um tempo depois, os dois filhos de Noemi morreram, como o pai, Elimeleque.

Desamparada, Noemi decidiu retornar a Judá, sua terra natal, e pediu que suas noras voltassem para suas famílias.

Muito leal a Noemi, Rute decidiu partir com a sogra para Belém. Chegando lá, ela passou a trabalhar nos campos de cevada de um bom homem chamado Boaz.

Vendo a bondade de Rute com a sogra, Boaz decidiu se casar com a jovem mulher. O casal foi abençoado com um filho, Obed, que foi muito amado por Noemi. Obed foi pai de Jessé; e Jessé, de Davi.

O PRIMEIRO REI
(I Samuel 8 e 9)

Samuel foi um homem sábio e tornou-se chefe e juiz do povo de Israel. Ele teve dois filhos, Joel e Abias, porém eles não seguiram o caminho do pai, e estavam se comportando mal.

Quando Samuel já estava bastante idoso, o povo de Israel, vendo que os filhos do profeta não eram bons, pediu que ele escolhesse alguém para ser o rei.

O profeta não gostou do pedido, mas como era obediente a Deus, orou ao Senhor para tomar a melhor decisão. Deus disse para Samuel não se preocupar e atender ao pedido de seu povo, mas ele deveria dizer-lhes os direitos e deveres do novo rei.

Samuel, então, contou ao povo o que Deus havia dito. O chefe de Israel orou ao Senhor e escolheu Saul, um homem alto e formoso, para ser o novo rei dos israelitas.

Deus escolhe Davi
(I Samuel 16)

Saul foi responsável por muitas conquistas para seu povo, mas começou a fazer coisas que desagradavam a Deus. Por isso, o Senhor não queria que ele continuasse como rei de Israel.

Deus pediu que Samuel encontrasse um novo rei para o povo. Ele mandou seu servo para Belém; lá, Samuel deveria procurar um homem chamado Jessé, que tinha oito filhos.

Ao chegar à casa de Jessé, Samuel viu os seus sete filhos mais velhos, mas percebeu que nenhum deles servia para ser rei de Israel. Samuel, então, perguntou ao gentil senhor:

– Você não tem outro filho?

– Sim, tenho Davi, ele é pastor de ovelhas. Vou mandar chamá-lo – respondeu Jessé.

Quando o pequeno Davi chegou, Deus disse a Samuel que ele era o escolhido. Como era o costume daquela época, Samuel ungiu Davi com azeite para mostrar que ele seria o futuro rei de Israel.

DAVI DERROTA GOLIAS
(I Samuel 17)

Saul ainda reinava sobre Israel, e seu exército estava em guerra contra os filisteus. Entre os soldados, estavam os irmãos de Davi, que também combatiam.

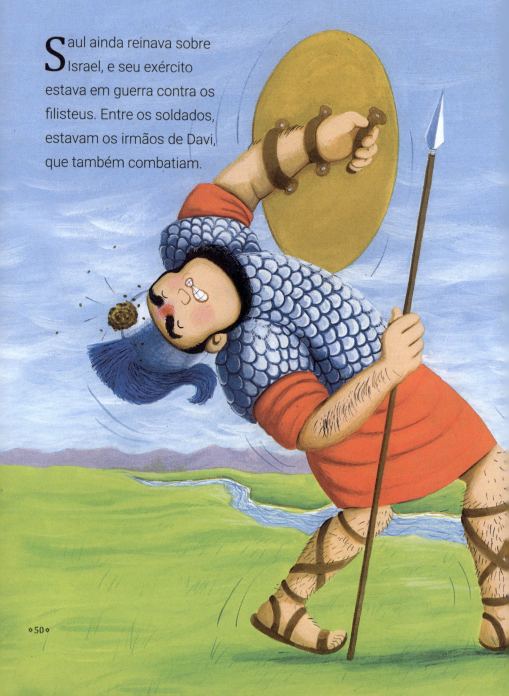

Preocupado com seus filhos, Jessé pediu a Davi para buscar notícias dos irmãos. Ao chegar ao campo de batalha, Davi soube que havia um soldado filisteu muito grande e forte, chamado Golias, que desafiava os israelitas. E os soldados temiam enfrentá-lo.

Davi, no entanto, disse que iria lutar contra o gigante. O rei Saul ficou admirado com aquela coragem, pois Davi era um homem muito pequeno. Mas o gentil pastor confiava no poder de Deus a seu favor, e por isso não tinha medo.

Sem armadura e carregando apenas seu cajado, uma funda e cinco pedras, Davi foi de encontro a Golias. O gigante achou graça daquele pequeno homem que queria enfrentá-lo. Davi não se abateu e pegou uma pedra e colocou em sua funda. Ele jogou a pedra exatamente na testa de Golias, que caiu no chão. Assim, o pequeno Davi conseguiu derrotar o forte e destemido Golias.

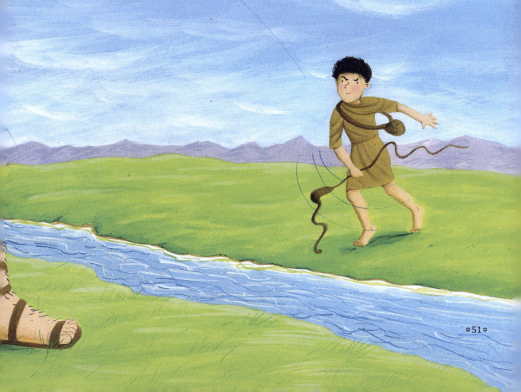

A arca da aliança em Jerusalém
(II Samuel 5 e 6)

Davi, o novo rei de Israel após a morte de Saul, era muito temente a Deus. Certa vez, ele reuniu 30 mil homens para buscar a Arca da Aliança, onde ficavam guardadas as placas dos dez mandamentos.

No entanto, enquanto os homens de Davi levavam a arca em um carro de bois, ela balançou muito e quase caiu, deixando Deus muito triste. Davi, então, decidiu deixá-la na casa de Obede-Edom, onde ela ficou por três meses.

Enquanto a Arca da Aliança esteve na casa de Obede-Edom, Deus abençoou o seu lar. Davi soube disso e quis que o Senhor também abençoasse Jerusalém. Por isso, ele decidiu levar a arca para a cidade e fazer uma grande festa.

Vestido com um manto sacerdotal, o rei de Israel dançou com muita alegria, louvando ao Senhor. A Arca da Aliança chegou a Jerusalém ao som de trombetas e muitos louvores.

Elias e o Deus verdadeiro
(I Reis 17 e 18)

Muito tempo se passou depois do reinado de Salomão, e Israel teve muitos reis. O rei Acabe era um soberano que pecava contra Deus, pois adorava ao deus Baal, e até construiu-lhe um templo e um altar para sua estátua.

Deus estava muito triste com aquela atitude, e enviou um profeta chamado Elias para anunciar ao rei que, por causa do seu pecado, ele iria enfrentar um extenso período de seca, o que prejudicaria todo o seu povo. Depois, Deus disse a Elias que ele deveria ir para perto do riacho de Querite, pois lá haveria corvos que o alimentariam. O profeta obedeceu e permaneceu no lugar indicado até o riacho secar.

Depois de três anos de uma intensa seca, o Senhor pediu que Elias fosse falar com o rei. Ao encontrá-lo, Elias falou:

– Reúna os profetas de Baal no Monte Carmelo e leve um animal para ser sacrificado. Eu também levarei.

Chegando ao local indicado, Elias disse aos profetas de Baal que eles pedissem ao seu deus que enviasse fogo para queimar o sacrifício. O rei e seus profetas oraram a manhã inteira, mas nada aconteceu.

Em seguida, Elias orou a Deus, e Ele atendeu à oração, mandando fogo para queimar o animal sacrificado.

Todos, então, acreditaram no Deus verdadeiro, anunciado por Elias. Depois disso, Deus enviou chuva sobre aquelas terras, fazendo com que a seca acabasse.

A CARRUAGEM DE FOGO
(I Reis 19; II Reis 2)

Jezabel era a esposa do rei Acabe e também adorava ao deus Baal. Quando soube o que Elias havia feito no Monte Carmelo, ela ficou com muita raiva e resolveu matar o profeta. Temendo por sua vida, ele fugiu para o Monte Sinai.

Enquanto Elias estava lá, Deus pediu-lhe que fosse para um deserto perto de Damasco e procurasse por Eliseu, o escolhido para ser profeta em seu lugar. Assim que os dois se encontraram, Eliseu prontamente aceitou o convite e passou a seguir seu mestre.

Certo dia, porém, chegou a hora de Elias ser levado para o céu. Eliseu o acompanhou em todos os lugares que ele passou, até que os dois chegaram ao Rio Jordão. Lá, Elias tirou sua capa e bateu nas águas, que se abriram, e eles puderam passar.

Eles começaram a conversar, e Elias perguntou:

– O que você quer que eu faça antes de partir?

– Quero ter o dobro do seu poder – respondeu o aprendiz.

Mas Elias avisou que aquele era um pedido muito difícil, que só se realizaria caso Eliseu visse seu mestre partir.

Os dois profetas continuaram caminhando e, de repente, um carro de fogo puxado por cavalos de fogo levou Elias para o céu em um redemoinho.

Eliseu, então, pegou a capa que pertencia a seu mestre e voltou pelo mesmo caminho. Ao chegar diante do Rio Jordão, bateu a capa nas águas, que se abriram, e ele pôde passar para o outro lado. Muitas pessoas foram testemunhas daquele acontecimento e ficaram maravilhadas.

ELISEU E A VIÚVA
(2 Reis 4: 1-7)

Depois que Elias foi levado para o céu na carruagem de fogo, Eliseu se tornou profeta e sempre procurava ajudar seu povo. Certa vez, uma mulher viúva foi até ele pedir-lhe ajuda.

– Tenho dois filhos e meu marido morreu antes de conseguir pagar uma dívida. Agora o homem a quem ele devia quer levar meus filhos como pagamento. O que eu faço?

Depois de ouvir a mulher, Eliseu disse:

– O que você possui em casa?

– Apenas um pequeno jarro de azeite – respondeu a viúva.

Então, Eliseu pediu que ela pegasse algumas vasilhas emprestadas e as levasse para casa, fechasse a porta e derramasse o azeite que ela tinha em todas as vasilhas.

A mulher fez tudo como Eliseu havia orientado. E, usando apenas o azeite que tinha em seu jarro, encheu todas as outras vasilhas.
O profeta pediu que ela vendesse o azeite para pagar a dívida, e a viúva ficou muito contente e agradecida.

A rainha Ester
(Ester 2 a 8)

Ester era uma jovem rainha de origem judia que havia sido criada como sobrinha por Mardoqueu, um judeu benjamita. Ela era casada com Assuero, rei da Pérsia.

Certo dia, Mardoqueu ouviu a conversa de dois empregados que planejavam a morte do rei. Ele contou a Ester, e ela logo informou a Assuero. Por causa dessa traição, os dois funcionários foram condenados.

Pouco tempo depois, Hamã, que era oficial da corte, foi promovido por Assuero. Todos os empregados do rei inclinavam-se diante de Hamã, menos Mardoqueu.

Por isso, o oficial da corte queria prejudicar o benjamita e todos os judeus, e convenceu o rei de que esse povo desobedecia às leis. Assim, Assuero ordenou que todos os judeus fossem mortos.

Quando soube dessa ordem, Mardoqueu, triste, fez com que Ester soubesse da situação. Ele clamou à moça que intercedesse ao rei em favor do povo judeu.

Uma noite, o rei resolveu ler o livro de registro das crônicas e descobriu que havia sido salvo graças a Mardoqueu; então, resolveu cobri-lo de honras, poupando-o da morte.

A rainha preparou um banquete e convidou Assuero e Hamã. Ao chegar, o rei perguntou a Ester o que ela desejava. Ester pediu aos dois homens para voltarem no dia seguinte, e ela revelaria. No outro dia, eles voltaram; e a rainha revelou sua origem judia e pediu ao rei pela vida dela e de seu povo, pois Hamã desejava lhes fazer mal. Então, Hamã foi condenado à morte.

Assim, Ester, por justiça e amor a Deus, preservou a vida de seu povo.

JÓ, UM HOMEM PACIENTE
(Jó 1 a 42)

Jó morava em Uz, era casado e tinha sete filhos. Sua vida era muito abençoada, e ele era o homem mais rico do Oriente. Ele possuía muito gado e muitas terras, e era um homem muito justo e honesto, além de amar a Deus de todo o coração. Como a vida de Jó era maravilhosa, parecia ser fácil acreditar em Deus e amá-Lo, por isso Deus permitiu que a fé de seu servo fosse testada.

Certo dia, de maneira surpreendente, Jó perdeu tudo o que possuía: sua riqueza e seus filhos. Mesmo assim, ele continuou acreditando e confiando no Senhor. Para testá-lo ainda mais, Deus permitiu que Jó ficasse muito doente, com feridas pelo corpo todo.

Certa vez, alguns amigos de Jó foram visitá-lo. Ao chegarem, ficaram muito assustados com a situação do amigo. Eles acharam que ele havia pecado muito para receber tamanho castigo. Mas Jó contou que não havia feito nada de errado a Deus.

O fiel homem, diante das palavras de seus amigos, perguntou a Deus por que ele estava passando por tantos sofrimentos, se era um homem temente aos ensinamentos do Senhor. Mas Deus o fez entender que Ele fazia as ações a cada um segundo o seu caminho.

Jó, então, pediu perdão a Deus pela atitude de seus amigos. Ele compreendeu por que o Senhor o fez passar por aquilo. Novamente Jó tornou-se um homem muito rico, teve vários filhos e foi muito feliz.

O Senhor é o meu pastor
(Salmos 23: 1-4)

Davi era um pastor de ovelhas. Enquanto levava suas ovelhas para o campo, Davi gostava de escrever canções dando louvores a Deus, e as tocava em sua harpa.

Certa vez, Davi escreveu um cântico com uma mensagem de confiança em Deus. Parte dele diz assim:

"O Senhor é o meu pastor, nada me faltará. Deitar-me faz em verdes pastos, guia-me mansamente a águas tranquilas. Refrigera a minha alma; guia-me pelas veredas da justiça, por amor do Seu nome. Ainda que eu andasse pelo vale da sombra da morte, não temeria mal algum, porque Tu estás comigo; a Tua vara e o Teu cajado me consolam."

O profeta Jeremias
(Jeremias 38: 1-13)

O profeta Jeremias sempre falava sobre as coisas que agradavam e desagradavam a Deus. Ele costumava alertar as pessoas sobre o que aconteceria com elas se continuassem a fazer coisas erradas.

Por causa disso, alguns homens que não gostavam de Jeremias decidiram jogá-lo em um poço. Eles não concordavam com o que Jeremias dizia sobre os planos de Deus para as pessoas.

Jeremias ficou sozinho no poço, até que um funcionário do palácio do rei o ajudou. Ebede-Meleque soube o que fizeram a Jeremias e resolveu pedir ao rei que tirassem o profeta de lá. Caso contrário, Jeremias poderia morrer de frio e fome.

O rei, então, permitiu que seu servo tirasse o profeta de lá e ainda enviou 30 homens para ajudá-lo. Eles jogaram várias cordas e conseguiram libertar o profeta de Deus do calabouço.

Daniel e os leões
(Daniel 6)

Dario era o novo rei da Babilônia e decidiu escolher vários representantes para ajudarem a administrar o país. Dentre essas pessoas estava Daniel.

Daniel era um homem justo, honesto e excelente administrador, que amava a Deus mais do que todas as coisas. O rei Dario gostava muito de Daniel e admirava o seu trabalho.

Porém, outros administradores não gostavam de Daniel e sentiam inveja dele. Eles queriam acusá-lo de algum crime, mas não encontravam nada que pudessem usar contra ele. Sabendo como Daniel era temente a Deus, resolveram usar isso para prejudicá-lo.

Esses homens, então, fizeram Dario assinar um decreto no qual ninguém poderia pedir nada a Deus, pois o rei era mais importante. Quem desobedecesse ao decreto seria jogado na cova dos leões.

O rei concordou com aquela lei e, alguns dias depois, os inimigos de Daniel encontraram-no orando a Deus e o denunciaram para o rei.

Apesar de gostar muito de Daniel, o rei Dario teve de ordenar que jogassem o homem na cova junto com os leões. No dia seguinte, o rei queria saber se Daniel estava bem e, para a surpresa de todos, ele não havia sofrido nenhum ferimento.

Deus havia enviado seu anjo para proteger Daniel contra os leões. Todos ficaram maravilhados, e ele foi tirado de lá.

A FUGA DE JONAS
(Jonas 1: 1-17)

Jonas era profeta de Deus. Certo dia, Deus pediu a Jonas para ir para Nínive anunciar sua Palavra, pois as pessoas de lá estavam esquecendo seus ensinamentos.

– Jonas, arrume suas coisas e vá pregar a minha palavra ao povo de Nínive. Aquelas pessoas devem se arrepender de seus pecados.

O profeta, no entanto, não queria obedecer a Deus, e, por isso, embarcou em um navio que ia para a direção contrária de Nínive.

Mas Deus queria que aquele homem cumprisse o seu pedido e mandou uma forte tempestade para onde Jonas estava. Os marinheiros do navio ficaram apavorados, e o comandante pediu que Jonas orasse a Deus pedindo que o mar se acalmasse.

O profeta de Deus sabia que aquela tempestade era por causa da sua desobediência, e seus companheiros decidiram jogá-lo ao mar. Quando Jonas caiu no mar, a tempestade parou, e ele foi engolido por um grande peixe.

O profeta ficou dentro da barriga do grande peixe durante três dias e três noites. Arrependido de sua desobediência, Jonas clamou a Deus, que ouviu a oração do profeta e deu ordem ao peixe para que vomitasse o homem na praia.

Novamente, o Senhor dirigiu a palavra a Jonas, repetindo seu pedido. Desta vez, o profeta obedeceu e foi até Nínive para levar a Palavra de Deus. O povo da cidade acreditou em Jonas e se arrependeu de seus pecados.

Então, Deus, vendo a conversão dos habitantes de Nínive, desistiu de destruir a cidade.

Novo Testamento

O anjo fala a Maria
(Lucas 1: 26-38)

Maria era uma jovem que morava na Galileia. Ela era noiva de José, um carpinteiro. Deus sabia que eles eram pessoas especiais e, por isso, foram escolhidos para uma missão muito importante.

Certo dia, um anjo chamado Gabriel apareceu para Maria, e ela ficou muito assustada com aquela aparição. O anjo disse:

– Alegra-te, Maria, agraciada! Não tenha medo, o Senhor está contigo! Ele me mandou para lhe falar sobre a sua missão. Você ficará grávida de um menino, o filho de Deus, e dará a ele o nome de Jesus.

– Mas como isso será possível, se ainda não sou casada? – perguntou a jovem.

– O Espírito Santo descerá sobre você – respondeu o anjo Gabriel.

Maria ficou bastante surpresa, mas contente com a missão que Deus havia lhe confiado.

– Sou uma serva de Deus. Que se faça em mim de acordo com a Sua vontade.

O anjo Gabriel foi embora, com a certeza de que Maria seria a mãe do Filho de Deus.

José aceita a missão
(Mateus 1: 18-25)

Depois que o anjo Gabriel visitou Maria e contou-lhe sobre a vinda do Filho de Deus, ela logo foi explicar a José que estava grávida do Salvador. José e Maria estavam noivos, ele ficou receoso e pensou em não se casar com Maria, pois o filho que ela estava esperando não era dele.

    Deus, então, enviou um anjo para falar com o carpinteiro. Certa noite, enquanto José dormia, o anjo apareceu para ele em sonho e contou-lhe que o bebê de Maria era o Filho de Deus. O anjo pediu, também, que o gentil homem se casasse com a jovem Maria e desse ao bebê o nome de Jesus. Ele seria o Salvador do mundo.

    Depois disso, José ficou honrado em ser o pai do Filho de Deus e casou-se com Maria. Quando o bebê nasceu, ele lhe deu o nome de Jesus, assim como o anjo havia pedido.

A VIAGEM PARA BELÉM
(Lucas 2: 1-5)

Na época em que Maria estava grávida de Jesus, ela e José moravam em Nazaré, mas tiveram de fazer uma longa viagem para Belém. Isso porque o imperador romano César Augusto dominava a região em que Maria e José moravam e decretou que todos os habitantes deveriam se registrar em sua cidade de origem.

José, que havia nascido em Belém, então teve de partir em viagem com sua família. Maria já estava em estado avançado de gravidez, mas acompanhou seu marido, pois ela também deveria se registrar em Belém.

O nascimento do Salvador
(Lucas 2: 6-7)

Quando José e Maria chegaram em Belém, não acharam onde passar a noite e foram acolhidos no estábulo de uma hospedaria. Junto aos animais, eles se acomodaram.

Naquela noite, Maria deu à luz o menino Jesus. Ela enrolou o bebê em panos e o colocou em uma manjedoura, que é um recipiente onde é colocada a comida dos animais. Assim, cercado de simplicidade e muito carinho, o menino Jesus veio ao mundo.

Os magos do Oriente
(Mateus 2: 1-12)

Certo dia, três magos do Oriente notaram que no céu havia uma estrela diferente e a seguiram. Eles sabiam que aquela estrela anunciava o nascimento do rei dos judeus. Depois de muito tempo viajando, os magos finalmente chegaram a Jerusalém e foram falar com o rei Herodes.

Os magos contaram a Herodes que tinham ido adorar o rei dos judeus, e isso o deixou muito preocupado. Herodes temia que o menino Jesus ocupasse seu lugar e desse mais poder ao povo judeu. Ele, então, disse aos magos:

— Vão a Belém e encontrem o menino. Quando isso acontecer, voltem e me contem onde ele está, para que eu também possa adorá-lo.

Os magos seguiram viagem e, ao chegar a Belém, entraram na casa em que o menino Jesus estava. Eles se ajoelharam diante dele, louvaram-no e lhe entregaram presentes: ouro, incenso e mirra.

Por uma revelação de Deus, os viajantes sonharam que não deveriam voltar e contar a Herodes onde estava Jesus, pois o rei queria fazer mal à criança. Eles, então, foram embora para o Oriente sem passar por Jerusalém.

Jesus na casa do Pai
(Lucas 2: 21-52)

Depois de algum tempo de seu nascimento, Jesus foi levado por seus pais ao Templo, a fim de ser apresentado ao Senhor de acordo com a lei judaica. Lá, o sacerdote Simeão recebeu o menino e reconheceu que ele era muito especial. Simeão o abençoou e disse que aquele garoto seria a luz que iria iluminar as nações.

A família de José voltou para Nazaré e, conforme Jesus crescia, ele era tomado pela graça de Deus e se tornava cada vez mais sábio.

Quando estava com 12 anos, Jesus acompanhou seus pais a Jerusalém para celebrar a festa da Páscoa. Depois da celebração, Maria e José estavam voltando para sua cidade quando perceberam que Jesus não estava no grupo. Eles rapidamente retornaram e procuraram pelo menino durante três dias.

Finalmente, eles o encontraram no templo, ouvindo e interrogando os doutores da lei. Maria e José ficaram contentes, mas queriam saber por que Jesus havia feito aquilo com eles. Jesus, então, respondeu:

– Por que vocês estavam me procurando? Onde mais eu estaria, senão na casa do meu Pai?

O batismo de Jesus
(Mateus 3: 1-17)

Certo dia, João Batista estava perto do Rio Jordão pregando sobre a mensagem de salvação de Deus. Ele era filho de Zacarias e Isabel, a prima de Maria. Muitas pessoas se aproximavam para ouvir suas palavras:

— Vocês devem se arrepender de seus pecados e ser batizados para obterem a salvação.

Pessoas de vários lugares apareciam, e João Batista as batizava com a água do rio. Ele dizia que naquele momento batizava com água, mas chegaria alguém mais poderoso que batizaria a todos com o Espírito Santo. Essa pessoa era Jesus Cristo.

Foi quando Jesus chegou para também ser batizado. Ao sair das águas, o céu se abriu, e desceu sobre Jesus o Espírito Santo em forma de pomba. Nesse momento, ouviu-se uma voz que dizia:

– Este é meu filho amado que me traz muita alegria.

Jesus é tentado
(Mateus 4: 1-11)

Depois que Jesus foi batizado, o Espírito Santo o levou para o deserto para orar. O Filho de Deus permaneceu no deserto por 40 dias sem comer nem beber nada. Quando já estava com muita fome, o Diabo apareceu e disse:

– Se você é mesmo o filho de Deus, peça para Ele transformar essa pedra em pão, para que você sacie a sua fome.

– Está escrito que o homem não vive somente de pão – respondeu Jesus.

O Diabo, entretanto, queria tentar ainda mais Jesus, e o levou para o topo do templo.

– Jogue-se daqui e ordene que os anjos de Deus segurem você e não deixem que se machuque – falou o Diabo.

Mas Jesus, sabiamente, respondeu-lhe:

– Também está escrito que não devemos tentar o Senhor Deus.

Mas o Diabo não queria desistir. Ele levou Jesus ao alto de um monte e mostrou todos os reinos.

– Se você se curvar a mim, eu posso dar tudo isso a você – argumentou o Diabo.

– Só podemos adorar a Deus – disse Jesus, firmemente.

O Diabo, finalmente, desistiu e foi embora. Os anjos de Deus alimentaram Jesus e ele voltou para a Galileia.

O PRIMEIRO MILAGRE DE JESUS
(João 2: 1-12)

Havia um povoado na Galileia chamado Caná. Ali estava acontecendo um casamento, e Jesus, sua mãe e seus discípulos foram convidados para a celebração. Durante a festa, entretanto, Maria percebeu que o vinho havia acabado e foi falar com seu filho.

— Meu filho, o vinho acabou — disse ela.

Jesus apenas respondeu que ainda não havia chegado a sua hora. Então, ele pediu para os empregados da festa encherem com água os seis jarros que estavam ali.

– Encham todos esses jarros com água e depois deem o líquido para os organizadores da festa experimentarem – pediu Jesus.

Os empregados tiraram o líquido de um dos jarros. A água havia se transformado em vinho. Eles, então, levaram para o mestre-sala experimentar. Ao provar a bebida, o mestre-sala disse ao noivo:

– É comum, em uma festa, primeiro servirem o vinho bom e, quando os convidados já beberam muito, servirem o vinho não tão bom. Mas você guardou o melhor vinho para o final!

Esse foi o primeiro milagre que Jesus realizou.

JESUS E OS APÓSTOLOS
(Mateus 10: 1-14)

Certa vez, Jesus passou a noite toda orando a Deus, pois estava prestes a tomar uma decisão muito importante. No dia seguinte, Ele chamou seus discípulos e escolheu 12 que o acompanhariam.

Jesus chamou esses discípulos de apóstolos: Simão Pedro e seu irmão, André; Tiago, João, Filipe, Bartolomeu, Mateus, Tomé, Tiago, Simão; Judas, filho de Tiago e Judas Iscariotes, que trairia Jesus.

Jesus acalma a tempestade
(Mateus 8: 23-27)

Jesus estava em um barco com seus discípulos e acabou adormecendo. De repente, começou uma forte tempestade. Os discípulos ficaram com medo e foram acordar Jesus.
– Senhor, ajude-nos!
Jesus se levantou, e a tempestade parou.
Os discípulos ficaram maravilhados e disseram:
– Até o mar e os ventos lhe obedecem!

A filha de Jairo
(Marcos 5: 21-24, 35-43)

Jairo foi até Jesus e pediu:
— Minha filha está muito doente, à beira da morte. Por favor, Senhor, venha comigo e salve-a.

Jesus foi com ele. No caminho, apareceram alguns homens que disseram a Jairo que a filha dele estava morta. Jesus ouviu e disse-lhe para ter fé. Quando chegaram à casa de Jairo, Jesus disse:

— Por que vocês estão chorando? Ela não está morta, apenas dormindo.

Ele segurou a mão dela e disse:

— Menina, levante!

E a menina acordou.

A MULTIPLICAÇÃO DOS PÃES E PEIXES
(Mateus 14: 13-21)

Jesus estava pregando para uma grande multidão. Quando começou a anoitecer, os discípulos disseram:
– Já está ficando tarde, é melhor mandar essas pessoas embora para que possam se alimentar. Nós temos apenas cinco pães e dois peixes.

Então Jesus pegou o alimento, abençoou-o, partiu-o e o deu aos discípulos. Eles distribuíram a comida para todos que estavam ali.

Todos comeram até ficarem satisfeitos, e com o alimento que sobrou eles encheram doze cestos.

Jesus caminha sobre as águas
(Mateus 14: 22-33)

Os discípulos entraram em um barco enquanto Jesus estava em um monte orando. Durante a noite, começou uma forte ventania, e Jesus foi até o barco andando sobre as águas.

Quando os discípulos o viram, pensaram que era um fantasma e ficaram com medo. Jesus logo lhes disse:

– Não temam, sou eu.

Pedro pediu-lhe que o fizesse andar sobre as águas também. Ele desceu do barco e começou a caminhar sobre o mar na direção de Jesus. Um vento forte começou a soprar, ele ficou com medo e começou a afundar. Jesus o ajudou a voltar para o barco.

– Por que você duvidou? – perguntou o Senhor.

Logo, o vento se acalmou, e os outros discípulos adoraram Jesus.

A PARÁBOLA DO BOM SAMARITANO
(Lucas 10: 25-37)

Jesus falava com algumas pessoas quando um doutor da lei perguntou:

– Nós devemos amar ao próximo, mas quem é o meu próximo?

Então Jesus lhe contou uma parábola:

– Um homem ia para Jerusalém quando bandidos o atacaram e o largaram muito ferido na estrada. Um sacerdote passou por lá, viu o homem, mas não fez nada. Em seguida, um levita passou por ali e também seguiu caminho.

A TRAIÇÃO DE JUDAS
(MATEUS 26: 14-16)

Por onde Jesus passava, uma multidão o seguia e o louvava. Algumas pessoas não gostavam disso e resolveram encontrar uma maneira de matá-lo.

Judas Iscariotes, um dos discípulos, foi falar com os chefes dos sacerdotes e aceitou entregar-lhes Jesus em troca de 30 moedas de prata.

A partir desse dia, Judas ficou esperando uma oportunidade para entregar Jesus.

A ÚLTIMA CEIA
(Mateus 26: 17-30)

No dia da Páscoa, Jesus e seus discípulos sentaram-se à mesa para a ceia. Ele disse:
– Um de vocês irá me trair.
Os discípulos ficaram tristes com essa notícia.
Jesus pegou o pão, partiu-o e o deu aos discípulos.
– Comam, isto é o meu corpo.
Em seguida, ele pegou o cálice e o ofereceu aos discípulos.
– Bebam, porque isto é o meu sangue, que é derramado para remissão dos pecados.
Após a ceia, eles foram para o Monte das Oliveiras.

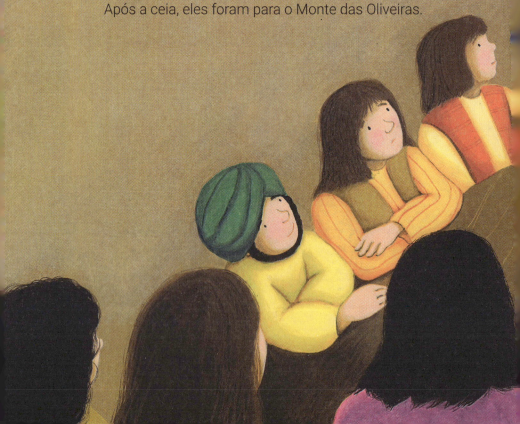

JESUS É PRESO
(Mateus 26: 47-56)

Jesus estava falando com os discípulos quando Judas Iscariotes chegou, acompanhado de alguns soldados. Ele havia combinado com os soldados que daria um beijo no homem que eles deveriam prender.

Judas foi até Jesus e deu-lhe um beijo. Os soldados se aproximaram e o prenderam.

Um dos discípulos começou a lutar com um soldado para libertar o Senhor, mas Ele disse:

– Não faça isso! As coisas devem acontecer conforme as escrituras dos profetas.

Jesus é condenado
(Mateus 27: 11-26)

Jesus foi levado até Pilatos e ficou em silêncio enquanto as pessoas o acusavam.

Na época da Páscoa, era costume libertar um preso. Além de Jesus, havia um preso chamado Barrabás. Quando Pilatos perguntou quem deveria ser libertado, o povo respondeu:

– Barrabás!

E a multidão pedia que Jesus fosse crucificado.

Pilatos não achava que Jesus fosse um criminoso para ser condenado, porém ele tinha que seguir a vontade do povo. Então soltou Barrabás e entregou Jesus para ser crucificado.

A CRUCIFICAÇÃO
(Mateus 27: 27-56)

Os soldados levaram Jesus ao local onde ocorreria a crucificação. Colocaram uma coroa de espinhos na cabeça dele; dividiram entre si as vestes de Jesus e sortearam a túnica d'Ele, enquanto a multidão ao redor zombava.

    Jesus foi crucificado e, na parte de cima de sua cruz, colocaram a inscrição INRI, que significa "este é Jesus, o rei dos judeus". Dois ladrões também foram crucificados ao lado de Jesus.

    As pessoas gritavam:

– Se você é mesmo filho de Deus, então salve a si mesmo! Então, a terra escureceu e Jesus morreu.

A ressurreição
(Mateus 28: 1-10)

Alguns dias depois, Maria Madalena, Salomé e Maria, mãe de Tiago, foram ao local onde estava o corpo de Jesus. Ao chegarem lá, encontraram um anjo e viram a sepultura aberta.

O anjo lhes disse:

– Não tenham medo. Jesus não está aqui, Ele ressuscitou. Vão e contem a novidade aos discípulos.

As mulheres foram encontrar os discípulos. No caminho, Jesus apareceu para elas e disse:

– Digam aos discípulos para me encontrarem na Galileia.

JESUS APARECE AOS DISCÍPULOS
(João 20: 19-29)

Jesus apareceu para os discípulos e todos se alegraram. Porém Tomé não estava com eles naquele momento. Quando os discípulos contaram a Tomé o que havia acontecido, ele respondeu:

– Só vou acreditar quando eu vir as marcas nas mãos dele.

Oito dias depois, estavam todos os discípulos reunidos, quando Jesus apareceu e mostrou as marcas nas mãos para Tomé.

– Meu Senhor! – exclamou Tomé.

– Felizes aqueles que não viram, mas acreditaram – respondeu Jesus.

Jesus sobe aos céus
(Lucas 24: 45-53)

Jesus disse aos discípulos:
— Estava nas Escrituras que Cristo iria morrer e ressuscitar. Espalhem a palavra de Deus por todas as nações, começando por Jerusalém.

Em seguida, Jesus acompanhou os discípulos à cidade de Betânia e os abençoou. Então, Ele se afastou e subiu aos céus.

Os discípulos o adoraram e voltaram para Jerusalém muito felizes. Eles eram sempre vistos no Templo, louvando a Deus.

A chegada do Espírito Santo
(Atos 2: 1-13)

No dia de Pentecostes, os discípulos estavam juntos em uma casa quando um som muito alto surgiu e encheu o lugar, como um vento. Em seguida, apareceram chamas de fogo sobre a cabeça de cada um deles. Era o Espírito Santo.

Os discípulos começaram a falar outras línguas, e, assim, puderam levar a palavra de Deus aos estrangeiros que estavam em Jerusalém. Estes se maravilharam por ouvirem em suas próprias línguas sobre a grandeza de Deus.